Malbuch mit
gemischten nahtlosen Mustern
für Erwachsene 2

ColoringArtist.com

Copyright © 2017 - Nick Snels
http://www.coloringartist.com

Alle Rechte sind vorbehalten. Kein Teil dieser Veröffentlichung darf vervielfältigt, verbreitet oder in irgendeiner Form oder durch irgendein Mittel, einschließlich Fotokopien, Aufnahmen oder andere elektronische oder mechanische Methoden übertragen werden. Alle Bilder sind lizenziert, unterliegen dem Urheberrecht und bleiben Eigentum der betreffenden Inhaber.

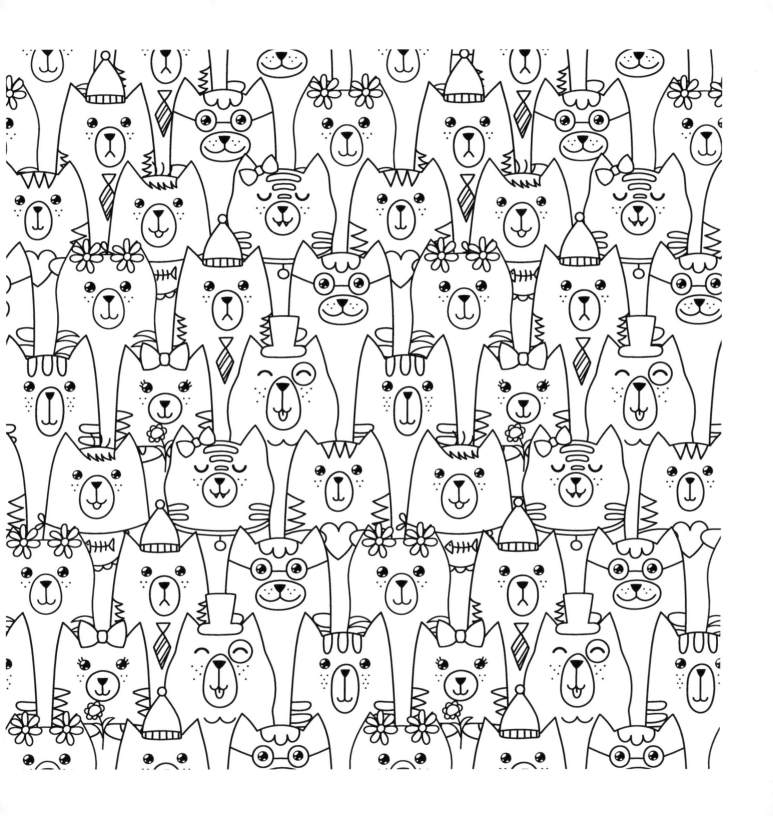

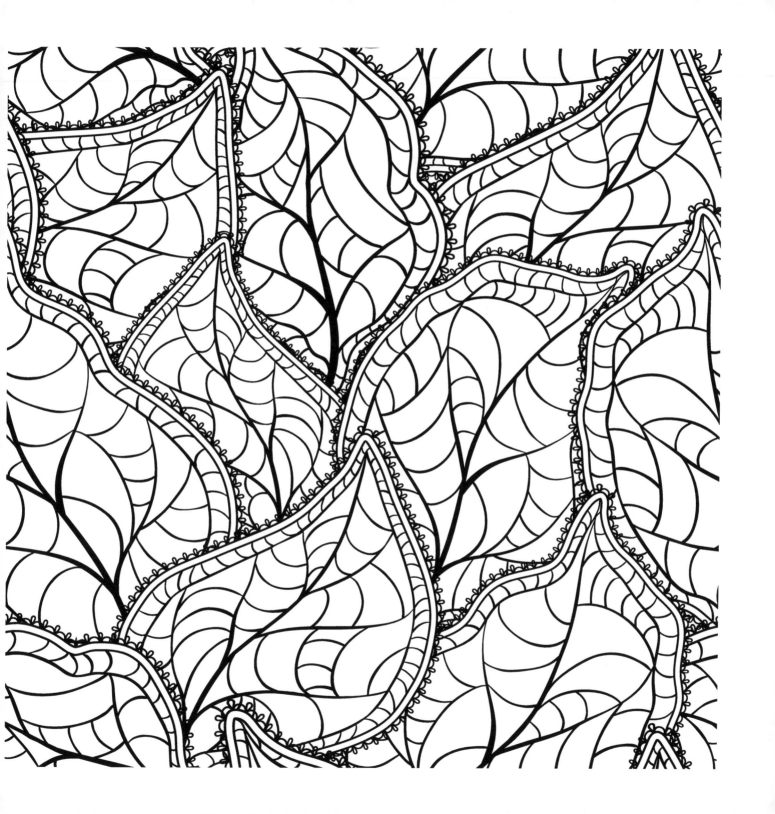

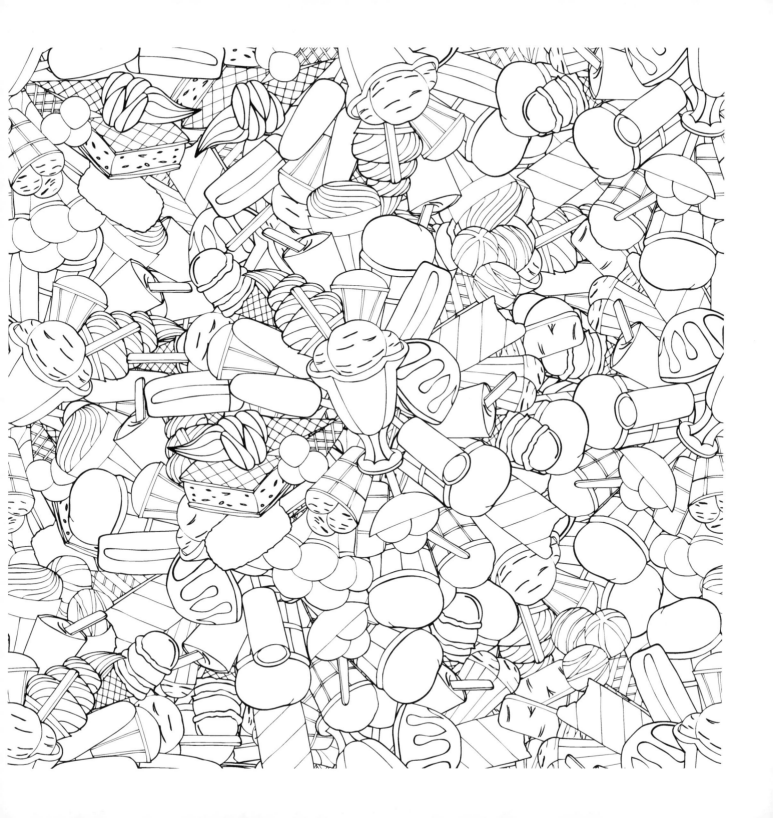

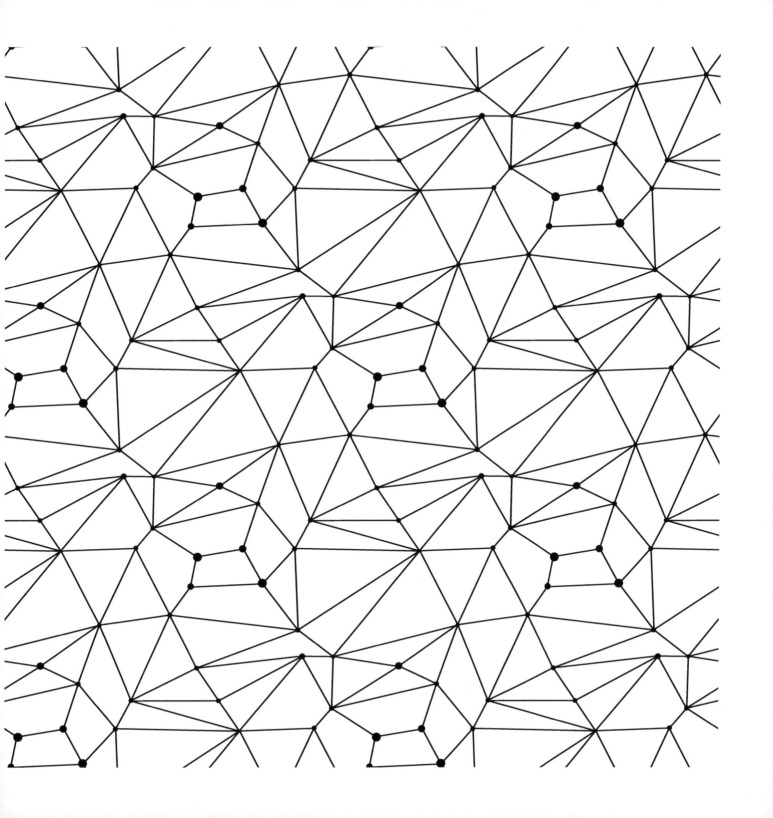

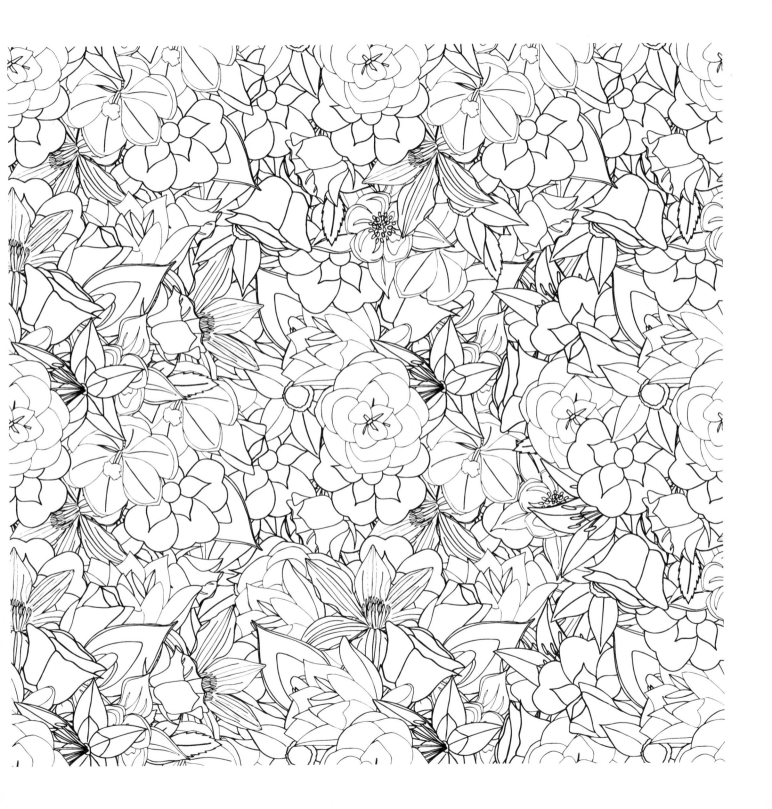

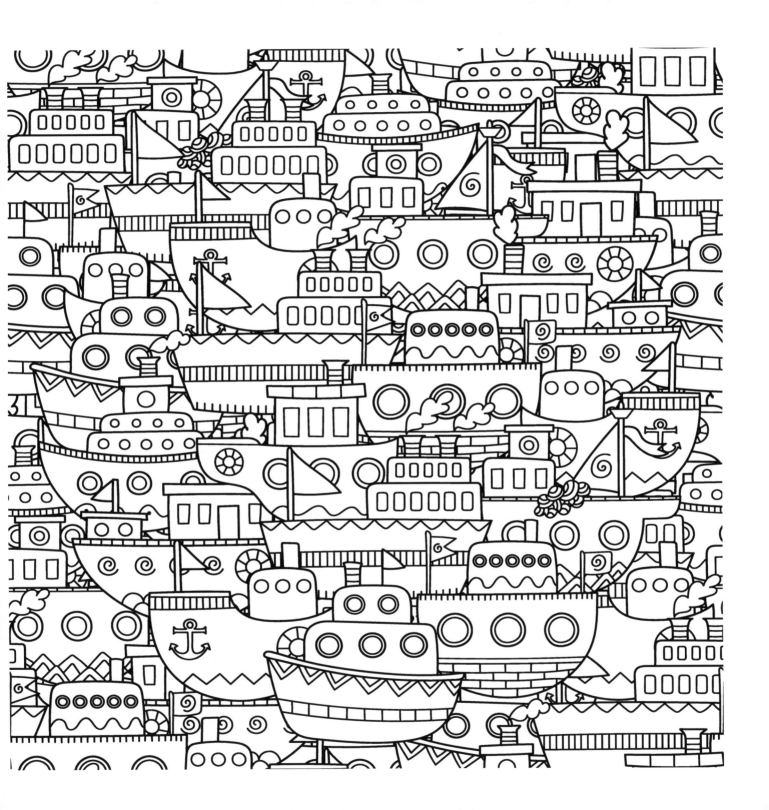

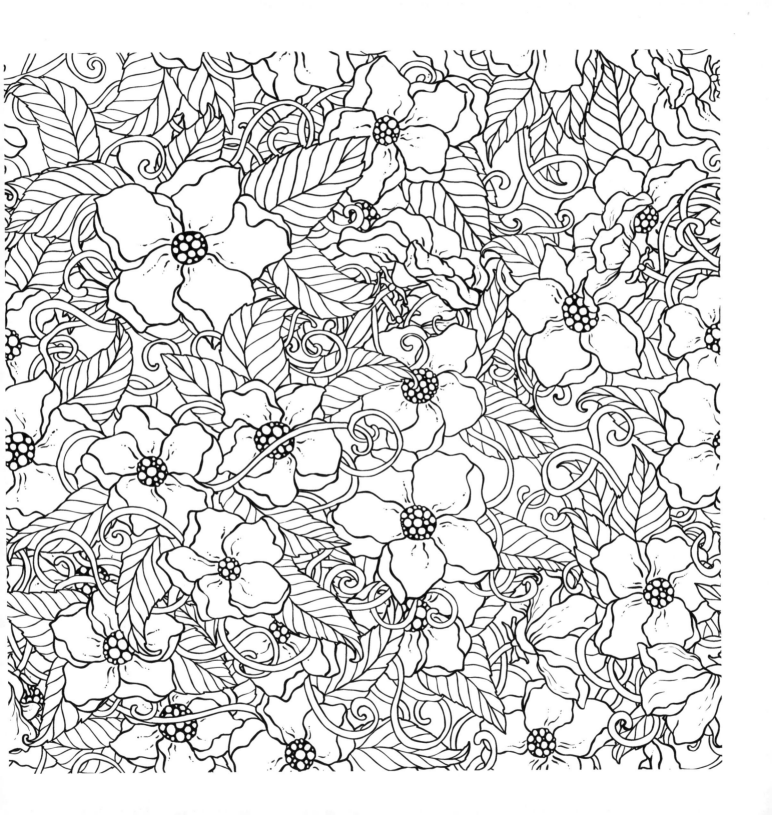

Printed in Poland
by Amazon Fulfillment
Poland Sp. z o.o., Wrocław